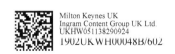

madrassa
— online —

مفتاح العلم

تعليم الكتابة

Soulayman de Kerdoret

سليمان دو كيردوريه

An imprint of Madrassa online LLC
www.madrassa-online.com

ISBN 9781735548425 (paperback)
First edition : 2020

الأولى عةبالط

TAKE YOUR BONUS HERE

https://madrassa-online.com/en/bonus/

بسم الله الرحمن الرحيم

المقدمة

إن الحمد لله، نحمده ونستعينه، ونتوب إليه، ونعوذ بالله من شرور أنفسنا ومن سيئات أعمالنا، من يهده الله فلا مضل له، ومن يضلل فلا هادي له، وأشهد أن لا إله إلا الله، وحده لا شريك له، وأشهد أن محمدا عبده ورسوله، صلى الله عليه وعلى آله وأصحابه، ومن تبعهم بإحسان إلى يوم الدين وسلم تسليما

أم بعد:

فهذه الكراسة (مفتاح العلم تعليم الكتابة) وسميتها باللغة الإنجليزية.

(Arabic Writing Workbook, Alphabet, Letters, Phrases)

للمبتدئين في تعليم اللغة العربية حتى تنتشر اللغة في العالم ويسير المسلمون في طريق طلب العلم.

أسأل الله العظيم، رب العرش العظيم، أن يجعل عملنا جميعا خالصا لوجهه، موافقا لمرضاته، نافعا لعباده، إنه جواد كريم.

سليمان دو كيردوريه
"مدير" مدرسة اون لاين
مركز اللغة العربية عن بعد لغير الناطقين بها

التهيئة للكتابة

ا ا ا ا ا ا

ب ب ب ب ب ب

ك ك ك ك ك ك

ل ل ل ل ل ل

ر ر ر ر ر ر

س س س س س س

ع ع ع ع ع ع

ن ن ن ن ن ن

و و و و و و

ه ه ه ه ه ه

ي ي ي ي ي ي

ء ء ء ء ء ء

ح	ح	ح	ح	ح	ح
ط	ط	ط	ط	ط	ط
ف	ف	ف	ف	ف	ف
ق	ق	ق	ق	ق	ق
م	م	م	م	م	م
ص	ص	ص	ص	ص	ص

كتابة الحروف الهجائية المفردة

ا ‌ا ‌ا ‌ا ‌ا ‌ا ‌ا

ب ‌ب ‌ب ‌ب ‌ب ‌ب ‌ب

ت ‌ت ‌ت ‌ت ‌ت ‌ت ‌ت

ث ‌ث ‌ث ‌ث ‌ث ‌ث ‌ث

ج ‌ج ‌ج ‌ج ‌ج ‌ج ‌ج

ح ‌ح ‌ح ‌ح ‌ح ‌ح ‌ح

خ ‌خ ‌خ ‌خ ‌خ ‌خ ‌خ

د ‌د ‌د ‌د ‌د ‌د

ذ ‌ذ ‌ذ ‌ذ ‌ذ ‌ذ

ر ‌ر ‌ر ‌ر ‌ر ‌ر

ز ‌ز ‌ز ‌ز ‌ز ‌ز

س س س س س س

س س س س س س

ش ش ش ش ش ش

ش ش ش ش ش ش

ص ص ص ص ص ص

ص ص ص ص ص ص

ض ض ض ض ض ض

ض ض ض ض ض ض

ع ع ع ع ع ع

ع ع ع ع ع ع

غ غ غ غ غ غ

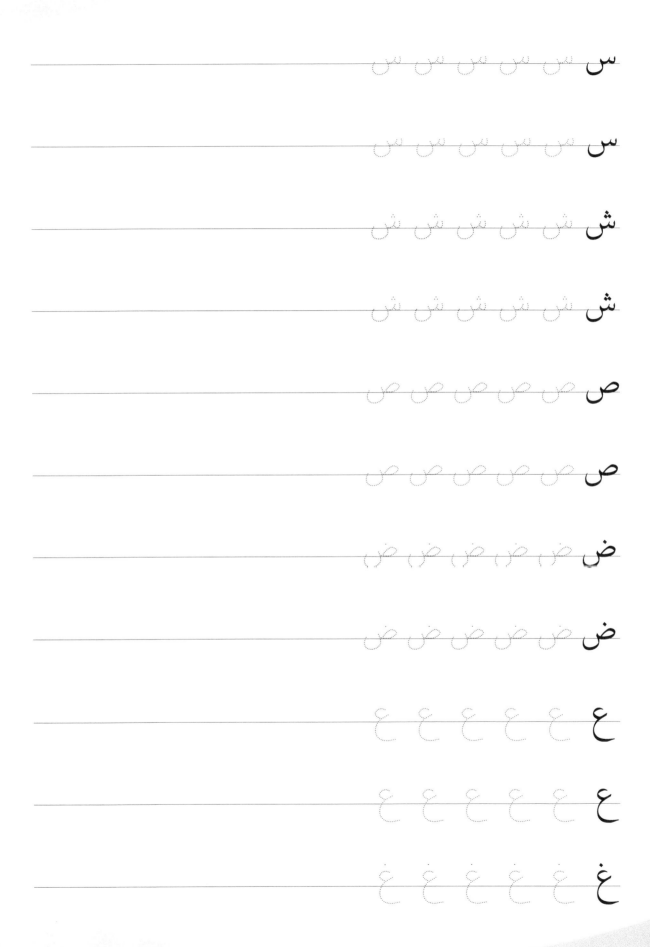

غ غ غ غ غ غ

ف ف ف ف ف ف

ف ف ف ف ف ف

ف ف ف ف ف ف

ق ق ق ق ق ق

ق ق ق ق ق ق

ق ق ق ق ق ق

ك ك ك ك ك ك

ك ك ك ك ك ك

ل ل ل ل ل ل

ل ل ل ل ل ل

م م م م م م

م م م م م م

م م م م م م

ن ن ن ن ن ن

ن ن ن ن ن ن

هـ هـ هـ هـ هـ هـ

هـ هـ هـ هـ هـ هـ

هـ هـ هـ هـ هـ هـ

و و و و و و

و و و و و و

ي ي ي ي ي ي

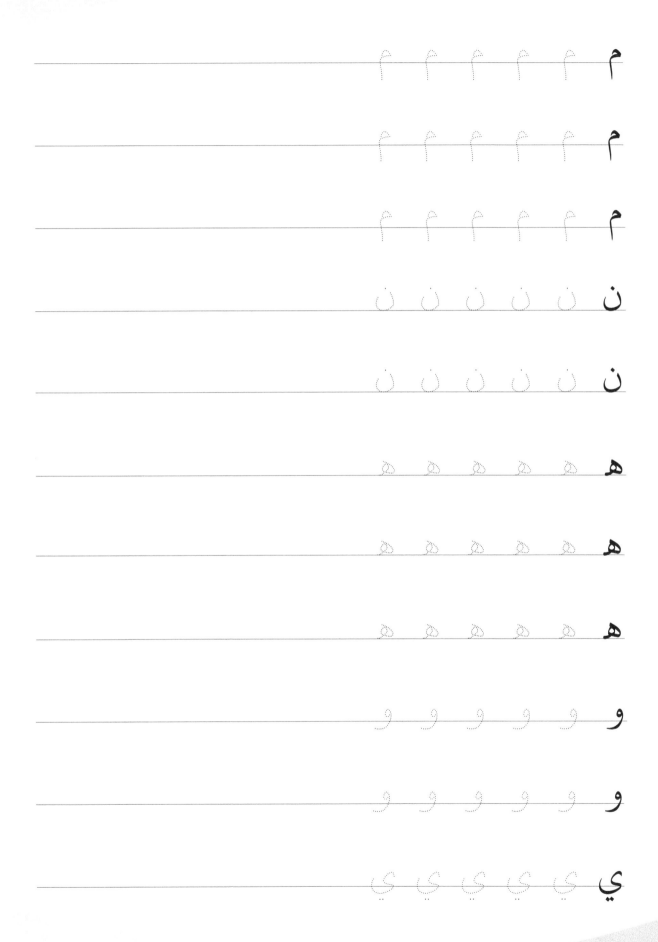

ي ي ي ي ي ي

ي ي ي ي ي ي

ـجـ ـجـ ـجـ ـجـ ـجـ ـجـ

ـسـ ـسـ ـسـ ـسـ ـسـ ـسـ

ـصـ ـصـ ـصـ ـصـ ـصـ ـصـ

ـعـ ـعـ ـعـ ـعـ ـعـ ـعـ

ـفـ ـفـ ـفـ ـفـ ـفـ ـفـ

ـقـ ـقـ ـقـ ـقـ ـقـ ـقـ

ـكـ ـكـ ـكـ ـكـ ـكـ ـكـ

ـمـ ـمـ ـمـ ـمـ ـمـ ـمـ

ـهـ ـهـ ـهـ ـهـ ـهـ ـهـ

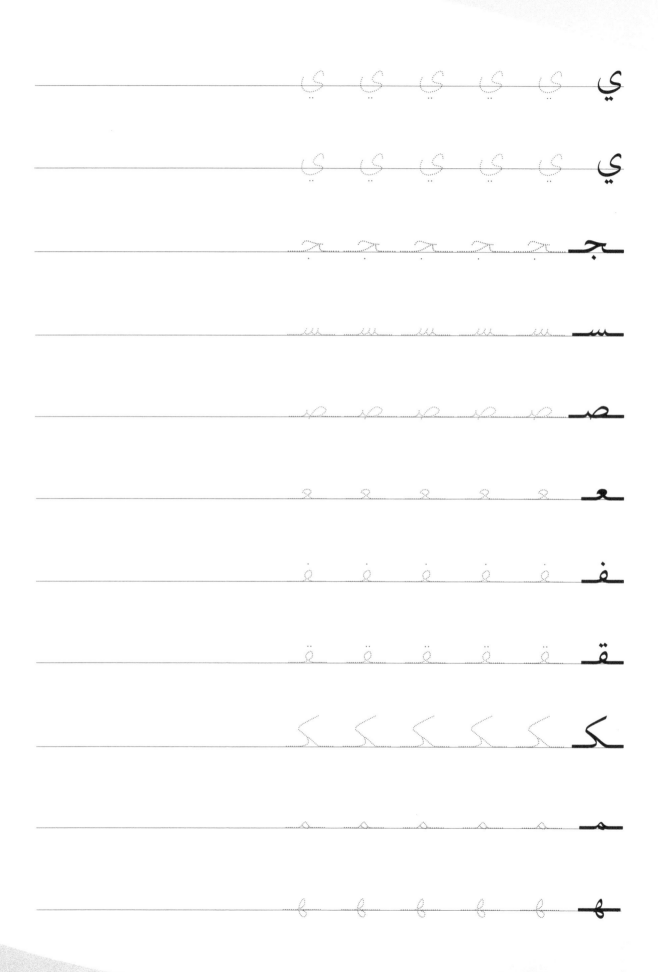

الدرس الثاني

كتابة الحروف الهجائية بأشكالها المختلفة

أ ألف

أول الكلمة	وسط الكلمة	آخر الكلمة
أهل	فأم	توضأ
أهل	فأم	توضأ
هل	ف م	توض
هل	ف م	توض
هل	ف م	توض
هل	ف م	توض
هل	ف م	توض
هل	ف م	توض
هل	ف م	توض
هل	ف م	توض

ب باء

أول الكلمة	وسط الكلمة	آخر الكلمة
برتقال	قبض	حسب
برتقال	قبض	حسب
رتقال	ق ض	ح ب
رتقال	ق ض	ح ب
رتقال	ق ض	ح ب
رتقال	ق ض	ح ب
رتقال	ق ض	ح ب
رتقال	ق ض	ح ب
رتقال	ق ض	ح ب
رتقال	ق ض	ح ب

ت تاء

أول الكلمة	وسط الكلمة	آخر الكلمة
تراب	ستر	بنت
تراب	ستر	بنت
راب	سـ ر	بنـ
راب	سـ ر	بنـ
راب	سـ ر	بنـ
راب	سـ ر	بنـ
راب	سـ ر	بنـ
راب	سـ ر	بنـ
راب	سـ ر	بنـ
راب	سـ ر	بنـ

ثاء ث

أول الكلمة	وسط الكلمة	آخر الكلمة
ثقل	مثل	أثث
ثقل	مثل	أثث
قل	م ل	أث
قل	م ل	أث
قل	م ل	أث
قل	م ل	أث
قل	م ل	أث
قل	م ل	أث
قل	م ل	أث
قل	م ل	أث

ج جيم

أول الكلمة	وسط الكلمة	آخر الكلمة
جبل	فجر	ثلج
جبل	فجر	ثلج
بل	ف ر	ثل
بل	ف ر	ثل
بل	ف ر	ثل
بل	ف ر	ثل
بل	ف ر	ثل
بل	ف ر	ثل
بل	ف ر	ثل
بل	ف ر	ثل

ح حاء

أول الكلمة	وسط الكلمة	آخر الكلمة
حصان	صحابة	ملح
حصان	صحابة	ملح
صان	صـ ابة	مل
صان	صـ ابة	مل
صان	صـ ابة	مل
صان	صـ ابة	مل
صان	صـ ابة	مل
صان	صـ ابة	مل
صان	صـ ابة	مل
صان	صـ ابة	مل

خ خاء

آخر الكلمة	وسط الكلمة	أول الكلمة
نفخ	سخن	خير
نفخ	سخن	خير
نف	س ن	ير
نف	س ن	ير
نف	س ن	ير
نف	س ن	ير
نف	س ن	ير
نف	س ن	ير
نف	س ن	ير
نف	س ن	ير

دال **د**

أول الكلمة	وسط الكلمة	آخر الكلمة
دليل	مدير	كبد
دليل	مدير	كبد
ليل	م ير	كب
ليل	م ير	كب
ليل	م ير	كب
ليل	م ير	كب
ليل	م ير	كب
ليل	م ير	كب
ليل	م ير	كب
ليل	م ير	كب

ذ ذال

أول الكلمة	وسط الكلمة	آخر الكلمة
ذباب	الذي	يومئذ
ذباب	الذي	يومئذ
باب	ال ي	يومئ
باب	ال ي	يومئ
باب	ال ي	يومئ
باب	ال ي	يومئ
باب	ال ي	يومئ
باب	ال ي	يومئ
باب	ال ي	يومئ
باب	ال ي	يومئ

ر را

أول الكلمة	وسط الكلمة	آخر الكلمة
ركب	سرير	سعر
ركب	بسرير	سعر
كب	سـ ير	سع
كب	سـ ير	سع
كب	سـ ير	سع
كب	سـ ير	سع
كب	سـ ير	سع
كب	سـ ير	سع
كب	سـ ير	سع
كب	سـ ير	سع

ز زا

أول الكلمة	وسط الكلمة	آخر الكلمة
زهرة	عزة	عزيز
زهرة	عزة	عزيز
هرة	ع ة	عزي
هرة	ع ة	عزي
هرة	ع ة	عزي
هرة	ع ة	عزي
هرة	ع ة	عزي
هرة	ع ة	عزي
هرة	ع ة	عزي
هرة	ع ة	عزي

س سين

أول الكلمة	وسط الكلمة	آخر الكلمة
سنة	حساب	عبس
سنة	حساب	عبس
نة	حـ اب	عب
نة	حـ اب	عب
نة	حـ اب	عب
نة	حـ اب	عب
نة	حـ اب	عب
نة	حـ اب	عب
نة	حـ اب	عب
نة	حـ اب	عب

ش شين

أول الكلمة	وسط الكلمة	آخر الكلمة
شاء	مستشفى	قريش
شاء	مستشفى	قريش
اء	مستـ فى	قريـ
اء	مستـ فى	قريـ
اء	مستـ فى	قريـ
اء	مستـ فى	قريـ
اء	مستـ فى	قريـ
اء	مستـ فى	قريـ
اء	مستـ فى	قريـ
اء	مستـ فى	قريـ

ص صاد

آخر الكلمة	وسط الكلمة	أول الكلمة
خلص	فصل	صمت
خلص	فصل	صمت
خل	ف ل	مت
خل	ف ل	مت
خل	ف ل	مت
خل	ف ل	مت
خل	ف ل	مت
خل	ف ل	مت
خل	ف ل	مت
خل	ف ل	مت

ض ضاد

أول الكلمة	وسط الكلمة	آخر الكلمة
ضرب	فضل	مضمض
ضرب	فضل	مضمض
رب	ف ل	مضم
رب	ف ل	مضم
رب	ف ل	مضم
رب	ف ل	مضم
رب	ف ل	مضم
رب	ف ل	مضم
رب	ف ل	مضم
رب	ف ل	مضم

طاء ط

آخر الكلمة	وسط الكلمة	أول الكلمة
محيط	قطعة	طيب
محيط	قطعة	طيب
محي	ق عة	يب
محي	ق عة	يب
محي	ق عة	يب
محي	ق عة	يب
محي	ق عة	يب
محي	ق عة	يب
محي	ق عة	يب
محي	ق عة	يب

ظ ظاء

آخر الكلمة	وسط الكلمة	أول الكلمة
لحظ	يظن	ظلم
لحظ	يظن	ظلم
لح	ي ن	لم
لح	ي ن	لم
لح	ي ن	لم
لح	ي ن	لم
لح	ي ن	لم
لح	ي ن	لم
لح	ي ن	لم
لح	ي ن	لم

ع عين

آخر الكلمة	وسط الكلمة	أول الكلمة
بيع	سعد	عين
بيع	سعد	عين
بيـ	سـ د	ين
بيـ	سـ د	ين
بيـ	سـ د	ين
بيـ	سـ د	ين
بيـ	سـ د	ين
بيـ	سـ د	ين
بيـ	سـ د	ين
بيـ	سـ د	ين

غ

غين

أول الكلمة	وسط الكلمة	آخر الكلمة
غير	المغرب	بلغ
غير	المغرب	بلغ
ير	المـ ـرب	بلـ
ير	المـ ـرب	بلـ
ير	المـ ـرب	بلـ
ير	المـ ـرب	بلـ
ير	المـ ـرب	بلـ
ير	المـ ـرب	بلـ
ير	المـ ـرب	بلـ
ير	المـ ـرب	بلـ

فاء **ف**

آخر الكلمة	وسط الكلمة	أول الكلمة
صيف	نفس	فهم
صيف	نفس	فهم
صي	ن س	هم
صي	ن س	هم
صي	ن س	هم
صي	ن س	هم
صي	ن س	هم
صي	ن س	هم
صي	ن س	هم
صي	ن س	هم

ق قاف

أول الكلمة	وسط الكلمة	آخر الكلمة
قسم	مستقيم	خلق
قسم	مستقيم	خلق
سم	مست يم	خل
سم	مست يم	خل
سم	مست يم	خل
سم	مست يم	خل
سم	مست يم	خل
سم	مست يم	خل
سم	مست يم	خل
سم	مست يم	خل

كاف ك

أول الكلمة	وسط الكلمة	آخر الكلمة
كوب	لكم	منك
كوب	لكم	منك
وب	ل م	من
وب	ل م	من
وب	ل م	من
وب	ل م	من
وب	ل م	من
وب	ل م	من
وب	ل م	من
وب	ل م	من

ل لام

آخر الكلمة	وسط الكلمة	أول الكلمة
أصل	جلد	لبس
أصل	جلد	لبس
أص	ج د	بس
أص	ج د	بس
أص	ج د	بس
أص	ج د	بس
أص	ج د	بس
أص	ج د	بس
أص	ج د	بس
أص	ج د	بس

م ميم

آخر الكلمة	وسط الكلمة	أول الكلمة
حكم	السماء	مدرسة
حكم	السماء	مدرسة
حك	الس اء	درسة
حك	الس اء	درسة
حك	الس اء	درسة
حك	الس اء	درسة
حك	الس اء	درسة
حك	الس اء	درسة
حك	الس اء	درسة
حك	الس اء	درسة

ن نون

أول الكلمة	وسط الكلمة	آخر الكلمة
نوم	جنة	حسن
نوم	جنة	حسن
وم	جـ ة	حسـ
وم	جـ ة	حسـ
وم	جـ ة	حسـ
وم	جـ ة	حسـ
وم	جـ ة	حسـ
وم	جـ ة	حسـ
وم	جـ ة	حسـ
وم	جـ ة	حسـ

هاء ه

أول الكلمة	وسط الكلمة	آخر الكلمة
هدى	سهل	لعله
هدى	سهل	لعله
ـدى	سـ ـل	لعلـ
ـدى	سـ ـل	لعلـ
ـدى	سـ ـل	لعلـ
ـدى	سـ ـل	لعلـ
ـدى	سـ ـل	لعلـ
ـدى	سـ ـل	لعلـ
ـدى	سـ ـل	لعلـ
ـدى	سـ ـل	لعلـ

و واو

أول الكلمة	وسط الكلمة	آخر الكلمة
وجه	حوت	يدعو
وجه	حوت	يدعو
جه	ح ت	يدع
جه	ح ت	يدع
جه	ح ت	يدع
جه	ح ت	يدع
جه	ح ت	يدع
جه	ح ت	يدع
جه	ح ت	يدع
جه	ح ت	يدع

ي ياء

آخر الكلمة	وسط الكلمة	أول الكلمة
قلمي	ربيع	يكتب
قلمي	ربيع	يكتب
قلم	ربـ ع	كتب
قلم	ربـ ع	كتب
قلم	ربـ ع	كتب
قلم	ربـ ع	كتب
قلم	ربـ ع	كتب
قلم	ربـ ع	كتب
قلم	ربـ ع	كتب
قلم	ربـ ع	كتب

الدرس الثالث

تدريبات عامة على كتابة الكلمات

كَتَبَ

أَخَذَ

حَرَّمَ

رَسُولُ

حَتّىٰ

يَقُولُ

ذَكَرٍ

أُنْثَىٰ

ثَمَنًا

عَلِيمًا

عَلَيْهِم

الّذِينَ

النِّسَاءُ _____

اللهُ _____

أَكْبَرُ _____

آمِينْ _____

غَدًا _____

لِقَائِهِ _____

نَرَى _____

كَانُوا _____

فَانْظُرْ _____

اللُّغَةُ _____

أَحَاطَ _____

أَهْلَهَا _____

مَسْجِدٍ _____

يُسْرًا _____

بِالحَقِّ

وَيْلٌ

فِيهَا

سُلَيْمَانُ

فَاطِمَةُ

المَأْوَى

حَدِيدٌ

مُصِيبَةٍ

أَعَدّ

جُنَاحَ

الدِّينُ

إِيَّاكَ

تَجِدُوهُ

هِيَ

سَلَكَكُم

نَخُوضُ

مَرْضَى

طَهِّرْ

خَلَقَ

سَرِيعًا

أُقْسِمُ

ذَهَبَ

حَالُكُنّ

أَوْضَحَ

خَافَ

أُفُقٌ

مَوْءُودَةٌ

لَا

نُشِرَتْ

أَحْضَرَتْ

بَطْشَ

رَبُّ

غَبَرَةٌ

تَصَدَّى

حَدَائِقُ

نَخْلًا

قَضْبًا

شَأْنٌ

يَزَّكَّى

يَوْمَئِذٍ

طَعَامِهِ

أُقِّتَتْ

الدرس الرابع

تدريبات عامة على كتابة الجمل والتراكيب

لَا إِلَهَ إِلَّا اللهُ

لَا إِلَهَ إِلَّا اللهُ

مُحَمَدُ رَسُولُ اللهِ

مُحَمَدُ رَسُولُ اللهِ

رَبِّ اغْفِرْ لِي

رَبِّ اغْفِرْ لِي

رَبِّ ارْحَمْنِي

رَبِّ ارْحَمْنِي

السَّلَامُ عَلَيكُم وَرَحْمَةُ اللهِ وَبَرَكَاتُهُ

السَّلَامُ عَلَيكُم وَرَحْمَةُ اللهِ وَبَرَكَاتُهُ

اللَّهُمَّ انْفَعْنِي بِمَا عَلَمْتَنِي وَعَلِمْنِي مَا يَنْفَعُنِي وَزِدْنِي عِلْمًا

اللَّهُمَّ انْفَعْنِي بِمَا عَلَمْتَنِي وَعَلِمْنِي مَا يَنْفَعُنِي وَزِدْنِي عِلْمًا

اللَّهُمَّ صَلِّ وَسَلِّمْ عَلَى نَبِيِّنَا مُحَمَّدٍ

اللَّهُمَّ صَلِّ وَسَلِّمْ عَلَى نَبِيِّنَا مُحَمَّدٍ

فهرس

GW00482011

مقدمة 5

التهيئة للكتابة 6

الدرس الأول 9

الدرس الثاني 14

الدرس الثالث 43

الدرس الرابع 47

فهرس 50